PREMIER CONGRÈS NATIONAL

DES

CERCLES D'ÉTUDES DE FRANCE

TENU A PARIS LE DIMANCHE 23 FÉVRIER 1902

dans les salles du " SILLON "

4 bis, BOULEVARD RASPAIL

PARIS

IMPRIMERIE DES ORPHELINS-APPRENTIS D'AUTEUIL

40, RUE LA FONTAINE, 40

1902

PREMIER CONGRÈS NATIONAL

DES

CERCLES D'ÉTUDES DE FRANCE

TENU A PARIS LE DIMANCHE 23 FÉVRIER 1902

dans les salles du " SILLON "

4 *bis*, BOULEVARD RASPAIL

PARIS

IMPRIMERIE DES ORPHELINS-APPRENTIS D'AUTEUIL

40, RUE LA FONTAINE, 40

1902

Les Cercles d'Etudes sociales, presque inconnus il y a quelques années, se sont développés si rapidement qu'il a semblé utile à ceux qui avaient pris à leur fondation la part la plus active de les réunir en congrès national.

Le 23 février 1902, le premier Congrès national des Cercles d'Etudes de France avait lieu à Paris dans les locaux du Sillon. Plus de trois cents cercles étaient représentés par trente délégués environ (un délégué par chaque groupe de dix cercles).

Le succès de cette réunion dépassa les espérances même les plus hardies. Un double caractère donna à ce congrès une physionomie très originale. Des séances de travail furent résolument exclus tout discours superflu, toute éloquence inopportune ; d'ailleurs les délégués étaient tous animés de cet esprit positif et précis qu'ils devaient au travail réel accompli par eux. D'autre part, impossible de ne pas sentir la communauté d'aspiration, l'identité profonde de méthode, la mentalité identique qui rapprochait tous ces jeunes hommes venus des quatre coins de la France.

La journée du 23 février portera ses fruits, nous en avons la certitude. C'est un point de départ et nous comptons que le mouvement d'éducation populaire sera chaque jour de mieux en mieux apprécié dans les milieux catholiques ; déjà les plus hautes approbations et les plus illustres sympathies sont venues récompenser nos humbles efforts ; mais ce sont surtout la généreuse spontanéité de nos jeunes camarades, leur foi agissante en cet avenir du pays qu'ils portent en eux, qui arriveront enfin à détruire cette muraille de partis pris et de préjugés qui obscurcit aux yeux du peuple de France, la véritable image du Christ, et qui fera éclater enfin aux yeux de tous la merveilleuse opportunité sociale du catholicisme.

Voici la circulaire par laquelle les Cercles d'Études de France furent conviés au Congrès national du 23 février 1902 :

CONGRÈS NATIONAL DES CERCLES D'ÉTUDES DE FRANCE

LE DIMANCHE 23 FÉVRIER 1902

au Sillon, 4 bis, boulevard Raspail (Paris, VII⁰)

M.

Les *Cercles d'études*, presque inconnus il y a seulement quelques années, se sont développés ces derniers temps avec une très grande et très encourageante rapidité. Ils répondent évidemment à un besoin pressant, puisque spontanément ils sont nés, poursuivant tous un même but.

Il nous a semblé opportun d'organiser un **Congrès national des Cercles d'études de France,** pour permettre de se rencontrer à tant d'efforts et de bonnes volontés qui travaillent isolément pour la même cause et trop souvent s'ignorent.

Les *Cercles d'études* ont intérêt à traiter entre eux des questions de méthode et d'organisation si spéciales, que nous avons cru utile de convoquer leurs délégués à une réunion de travail, où on s'occupera exclusivement de ce qui regarde la vie et le fonctionnement de ces groupes particuliers ainsi que des relations qui doivent les rapprocher.

Nous espérons que ce Congrès, qui se renouvellera sans doute chaque année dans une des grandes villes de France, tout en permettant à chacun de nous de faire une sorte d'enquête vivante sur le mouvement d'éducation populaire catholique, resserrera les liens fraternels de camaraderie militante qui sont faits pour unir les soldats du même combat pacifique.

Nous comptons aussi, Monsieur, que vous voudrez bien nous faire le plaisir d'assister à notre Congrès et nous vous assurons de nos sentiments les meilleurs et les plus cordiaux.

Bouchet (Valence); **Cieren** (Lille); **Coulange** (Marseille); **Doal** (Amiens); **Dory** (Montluçon); **Gay** (Belfort); **Gonin** (Lyon); **Le Phuez** (Tours); **Lestien** (Cambrai); **Méril** (Rennes); **Meyer** (Paris); **Montier**

— 6 —

(Rouen): **Pamart** (Paris); **Perrot** (Brest); **Porthelance** (Paris); **Renard** (Nancy); **de Reuille** (Lyon); **Ribière** (Limoges); **Marc Sangnier** (Paris); **Sarda** (Versailles).

Le premier Congrès national des Cercles d'études aura lieu à Paris, dans les locaux du *Sillon*, 4 bis, boulevard Raspail (près le square du Bon Marché), le dimanche 23 février 1902.

Chaque groupe de dix cercles d'études sera représenté par un délégué qui devra être porteur de tous les documents relatifs aux Cercles qu'il représentera.

Une enceinte spéciale sera réservée aux autres membres des Cercles d'études ainsi qu'aux amis de l'éducation populaire qui désireraient assister à nos réunions.

HORAIRE DU CONGRÈS

9 h. à 10 h. 1/4 du matin. — 1re séance de travail.
10 h. 3/4 à midi. — 2e séance de travail.
2 h. à 3 h. 1,4 du soir. — 3e séance de travail.
3 h. 3/4 à 5 h. — 4e séance de travail.
8 h. 1/2 du soir. — Punch offert par le *Sillon* aux Congressistes et à la Jeunesse ouvrière des Cercles d'études de Paris.

PROGRAMME

I. Formes diverses et Travaux des Cercles d'Etudes.

1e Formes diverses des groupes d'études :
Groupes d'études d'écoles et de collèges ; d'anciens élèves de patronages ; groupes de quartier ; groupes ruraux.

2e Méthodes de travail :
Choix et sujets des études à faire, selon les milieux. — Manuels. Bibliographie. — Salles de travail. Bibliothèques. — Concours d'études, etc.

3e Recrutement des membres :
Comment recruter de façon régulière : *a)* les membres des Cercles d'études ; *b)* les conseillers des Salles de travail.

II. Relations entre Cercles d'Etudes.

1e Relations dans une même ville :
Réunions communes. Congrès trimestriels.

2· Relations entre groupes d'une même région :
Groupements régionaux. Voyages d'etudes mettant en rapports les divers groupes. Revues locales publiant les communications.
3· Congrès régionaux. Congrès national des Cercles d'études.

III. Rapports entre les Cercles d'Etudes et les Instituts populaires ou autres groupes d'education.

1· De quelle façon établir des rapports entre les Cercles d'études et les Instituts populaires ?
2· Est-il desirable que, dans les villes où un Institut populaire ne peut pas se fonder, un groupe d'etudes largement ouvert permette d'etendre l'influence du Cercle d'etudes ?

IV. Propagande générale en faveur de l'extension des Cercles d'Etudes.

1· Participation des présidents ou secrétaires régionaux aux Congrès ou Assemblées catholiques.
2· Tournées de propagande.
3· Articles de Revues.

SECRÉTARIAT DU CONGRÈS :
Au *Sillon*, 4 bis, boulevard Raspail.

I

Formes diverses
et travaux des Cercles d'études.

I. *Formes diverses des groupes d'études :* Groupes d'études d'écoles et de collèges ; d'anciens élèves de patronages ; groupes de quartier ; groupes ruraux.

II. *Méthodes de travail :* Choix et sujets des études à faire, selon les milieux. — Manuels. — Bibliographie. — Salles de travail. — Bibliothèques. — Concours d'études, etc...

III. *Recrutement des membres :* Comment recruter de façon régulière : *a)* les membres des cercles d'études ; *b)* les conseillers des salles de travail.

Rapport présenté par M. WATRIGANT, de Lille.

PREMIÈRE SÉANCE

Présidence de Marc Sangnier.

M. Watrigant entretient le congrès des formes diverses et des travaux des cercles d'études.

Il y a d'abord les groupes scolaires, les conférences d'études sociales de collèges.

« J'entends un cercle d'études sérieux, et non le groupement de quelques élèves à qui l'on a donné un *nom* et qui ne se maintient dans une communauté d'aspirations d'idées, que grâce à cette concrétion. Du reste, la concrétion peut s'accentuer si ces élèves des hautes classes (rhétorique, philosophie), faisant des démarches auprès des supérieurs, obtiennent la permission d'entendre tous les mois ou tous les trimestres un jeune apôtre les entretenir du mouvement de la jeunesse catholique, du mouvement des idées, des principales questions à l'ordre du jour et particulièrement du rôle qu'ils auront à remplir plus tard dans les cercles d'études, du fonctionnement de ces cercles, de leur esprit populaire, de ceux qui existent déjà dans la région et les engager à en faire partie, après avoir mis dans ces jeunes âmes de collégiens la flamme de l'apostolat. »

Quelles que soient les difficultés, il est essentiel que ces groupes existent « afin d'établir une filière entre les collèges et les cercles d'études existant, afin de donner aux collégiens une idée de ces cercles, de les mettre dans le courant et de susciter ainsi des initiateurs de cercles, de bons membres et de bons conseillers ».

Mais le vrai cercle, le cercle type c'est celui qui s'adresse essentiellement à la jeunesse des patronages. Grâce à lui le patronage devient une œuvre « de préservation non seulement actuelle mais encore future »,

« Nous savons avec quelle joie des directeurs de patronages et de cercles ont accueilli l'idée de fonder des cercles d'études dans leurs œuvres. Le cercle d'études donne du prestige à l'œuvre, attire des jeunes gens instruits, fait circuler l'idée chrétienne sociale parmi les membres. C'est en résumé un élément de succès pour l'œuvre, un gage plus fort de persévérance et une promesse, sinon déjà une réalisation, de l'apostolat des membres. »

Le cercle prendra souvent la forme d'une organisation spéciale à un quartier, à une paroisse.

« Car il faut, autant que possible, que les cercles d'études concourent à l'efficacité, à la vie des autres œuvres ; il faut que leurs membres soient connus comme tels et qu'ils puissent donner des renseignements sur les sujets étudiés au cercle. N'oublions pas non plus qu'une paroisse est ordinairement une agglomération variée, comprenant des jeunes gens de différentes situations et que, par conséquent, les éléments du cercle sont variés, ce qui importe beaucoup. En outre, pour la bibliothèque, il est très facile aux membres des cercles d'études paroissiaux de profiter de la bibliothèque paroissiale, des écoles, du presbytère. Que le cercle d'études soit paroissial, c'est donc, en définitive, ce qu'il y a de plus pratique, par suite de plus désirable. »

La campagne ne doit pas être négligée : elle doit posséder ses groupes ruraux.

« Il ne faut pas oublier que le paysan n'est pas un imbécile, qu'il aime à comprendre, qu'on lui fasse comprendre sans grands mots, avec simplicité et bon sens. Quel est le but des cercles d'études si ce n'est de faire comprendre aux membres les vérités religieuses, historiques et sociales ? Comme lieu de réunion, soit le cercle, le presbytère ou... une salle de cabaret. Il est excellent de fédérer les groupes ruraux par cantons et de tenir des réunions générales périodiques où les secrétaires et délégués des groupes ruraux viennent rendre compte des travaux du cercle. Les vacances sont le temps de la moisson ; la bonne saison pour les études est l'hiver, mauvaise saison pour la campagne.

« Nous avons dans le Nord plusieurs fédérations de groupes ruraux qui marchent surtout grâce aux réunions générales périodiques, aux vacances du temps de la moisson, vacances consacrées aux tournées excursions et aux manifestations religieuses, grâce aux réunions fréquentes de l'hiver. »

Le rapporteur parle ensuite des questions à traiter, religieuses, historiques, économiques et des méthodes de travail.

« Le cercle d'études ne doit pas être simplement, si l'on veut en retirer des fruits, l'occasion pour le... Monsieur de venir exposer sa science en un langage académique. Au contraire, il faut que chaque membre... *calé* ou non, ait son tour de causerie sur un sujet particulier. Cela n'empêche pas d'épuiser la question, objet de l'étude ; car après l'exposé, complet ou non complet, clair ou pas clair, fait par le conférencier du Cercle, et la réfutation d'un antagoniste, si l'on veut, chacun apporte ses observations, ses lumières, ses objections, et du choc des idées de tous jaillit inévitablement la lumière. C'est un procédé efficace, s'il n'est pas... chic, et chacun participe à la vie du cercle, qui est alors très intense. »

Suivent les indications relatives aux procès-verbaux, comptes rendus et conférences suivies.

« L'usage du manuel a ses avantages et ses inconvénients. Il est bon, si l'on s'en sert avec modération, de façon à en profiter ; il est mauvais, si l'on ne sait pas s'en passer. »

On cite les manuels de MM. Garnier, Dehon, Sifflet, « de même l'excellent catéchisme d'économie sociale que vient d'éditer le *Sillon* et qui est, à mon avis, indispensable aux cercles d'études ».

Quant aux *salles de travail,* qui ne sont pas fort répandues, « elles ne sont pas indispensables, elles sont cependant très utiles ».

En terminant, le rapporteur sollicite des indications complètes de la part des membres des salles de travail du *Sillon* sur la constitution et l'usage des bibliothèques.

DISCUSSION

La lecture de ce premier rapport donne lieu à une discussion assez mouvementée. Non que le cercle d'études lui-même soit mis en question, pas plus que son utilité ni sa nécessité ; mais les formes qu'il revêt dans les localités où il se trouve sont si différentes ! D'ailleurs, à propos du cercle d'études, quel qu'il soit, une question est toujours actuelle, c'est celle de sa vitalité. Comment peut-on, une fois qu'on a établi un cercle d'études, en assurer la vie féconde et régulière ? Notre camarade de Montluçon cite le cas d'un cercle d'études fondé par la jeunesse catholique dans une commune voisine de Montluçon. L'histoire de ce cercle est celle de bien d'autres. Les premiers temps il marche bien ; séances régulières, membres très nombreux, discussions très intéressantes : tout le monde est ravi, et surtout le bon prêtre qui s'en occupe plus spécialement. Peu à peu, cependant, l'enthousiasme se refroidit ; la curiosité des premiers échanges d'idées sur des sujets nouveaux passée, le nombre des adhérents diminue, l'activité générale se ralentit. Vient à passer un conférencier généreux, une âme ardente, un cœur d'apôtre ; aussitôt la vie reprend au cercle d'études. Mais elle ne dure guère. Et ainsi, faute de continuité dans le travail, et de persévérance dans l'effort, le cercle d'études ne remplit qu'à demi son noble but.

Les remèdes qu'on propose à ce mal sont nombreux et variés. Notre camarade Doal *(Pas-de-Calais)* apporte les résultats de son expérience. Le temps de séance chez eux est divisé en deux : la première heure se passe à travailler sérieusement, la seconde à boire de la bière. Cette *division du travail* fait, paraît-il, des merveilles dans le Nord. Pareille méthode a été mise à l'essai par nos amis de Nancy, mais elle n'y a pas réussi ; Rémy *(Nancy)* dit qu'afin d'assurer chez eux la vie du cercle d'études ses amis et lui ont dû le rattacher à un syndicat jaune ou à une caisse d'assurance : depuis lors tout va bien. Gonin *(Lyon)* prétend que lorsque le curé s'occupe du cercle d'études, il réussit généralement, surtout quand il sait attirer et retenir les jeunes gens par des choses d'intérêt pratique, telles que l'apiculture, etc.

Les cercles d'études ne sont pas tous absolument confessionnels et fermés : il en est qui tiennent le milieu entre le cercle d'études pur et l'institut populaire. Les délégués du congrès en donnent de nombreux exemples. Dans la *Sarthe,* un cercle d'études fondé, il y a deux mois, comprend des jeunes gens non catholiques et des catholiques : ces derniers espèrent — et ils ont raison — que d'une discussion loyale et franche, naîtra pour leurs camarades la vérité religieuse et chrétienne. Dans le *Nord,* dit M. Hubert Valleroux, M. Béchaux a organisé des cercles d'employés de commerce. Il les réunit chez lui pour faire d'eux des hommes capables d'intéresser les autres et de rendre à leurs camarades ce qu'eux-mêmes auront reçu de lui. Ceux-ci se répandent ensuite partout, dans les ateliers, les brasseries, les cafés, les cercles, et distribuent à l'envi la parole de vérité.

Les Congressistes approuvent vivement les *Concours* organisés par le *Sillon* et font part des heureux résultats qu'ils ont obtenu en province. Thierry (Lyon) rapporte que les concours organisés par la *Chronique du Sud-Est* sont très suivis. La question des *prix* donne lieu à une courte discussion : il en ressort que l'argent en est employé généralement à l'achat de livres et de revues pour la bibliothèque du cercle. Il n'y a donc pas lieu de modifier la nature de ces prix.

Ribière (Limoges) demande si l'on peut obtenir au *Sillon* des renseignements par correspondance. L'un des conseillers des *salles de travail du Sillon* en profite pour dire que cela s'est déjà fait souvent, et que les conseillers sont à la disposition de tous nos amis de province pour ce qui les intéresse. La réponse aux questions, contenant une bibliographie aussi complète que possible avec les références les plus précises, ne saurait demander plus de quinze jours.

En quelques mots, Marc Sangnier résume toute la discussion sur le premier *rapport.* Voici les points précis qui en ressortent clairement.

1° Les cercles d'études doivent se développer partout. Pour en assurer la vie régulière on peut, ou bien rendre leurs séances attrayantes, en y mêlant une partie récréative,

ou bien rattacher le cercle d'études à une autre organisation telle que les syndicats, les caisses d'assurances, etc.

2° Entre les instituts populaires et les cercles d'études il y a une catégorie spéciale de cercles d'études, qui ne sont pas confessionnels ; ils n'en sont pas moins appelés à faire beaucoup de bien, à raison même des éléments différents — parfois même opposés — qui les composent.

3° Il y a lieu d'établir avec soin une bibliographie aussi complète que possible de tous les ouvrages utiles aux cercles d'études.

4° Les concours qui ont jusqu'ici contribué à entretenir l'émulation et le goût du travail doivent être conservés.

5° Les conseillers des salles de travail du " Sillon " sont à la disposition de tous nos amis pour les renseignements dont ils peuvent avoir besoin.

II

Relations entre Cercles d'études.

I. *Relations dans une même ville :* Réunions communes. — Congrès trimestriels.

II. *Relations entre groupes d'une même région :* Groupements régionaux. — Voyages d'études mettant en rapport les divers groupes. — Revues locales publiant les communications:

III. *Congrès régionaux. Congrès national des Cercles d'études.* ·

Rapport présenté par M. GONIN, de Lyon.

DEUXIÈME SÉANCE

Présidence de Marc Sangnier.

M. Gonin examine la nature des relations qui doivent exister entre les cercles. D'abord sont-elles désirables ? Evidemment. Mais encore pour quelles raisons de fait ?

Il faut en premier lieu résister ensemble aux préventions. « La tâche est d'autant plus ardue que, bien souvent, ce sont les hommes les plus respectables par leurs vertus et leur science qui entretiennent la méfiance à l'égard de nos cercles. Le savant véritable a, en effet, horreur de la demi-science prétentieuse et déclamatoire, et il s'imagine volontiers que, la vanité aidant, les membres des cercles d'études, à peine frottés de science sociale et économique, prétendront tout rénover, au risque d'augmenter le trouble social dont nous souffrons aujourd'hui, Pour vaincre ces préventions, nous devons alors expliquer que nous voyons dans le cercle d'études non pas une école de *sauveurs*, de chefs de parti, mais un moyen de développer chez tous une connaissance plus nette, un sentiment plus profond des conditions de l'ordre social et des devoirs personnels qui en découlent. »

Ensuite, il faut créer un mouvement autour de nous ; « il reste à faire naître parmi la jeunesse même le désir d'étudier, l'aptitude à l'éducation mutuelle ».

Il n'est pas moins nécessaire de maintenir le cercle d'études même lorsque les membres de l'œuvre où il est établi sont occupés à des choses moins utiles, à la préparation d'une représentation dramatique par exemple. Agir autrement serait dangereux : « Que seront devenues, au milieu de cette fièvre, les séances du cercle d'études ?Eclipsées ! Renvoyées après la pièce !... Où en est-on resté du programme des conférences ? Qui doit se charger des premières causeries ? On ne le sait plus. Enfin, on s'y remet, vaille que vaille. Mais, décidément, ces séances sont monotones, il faut faire effort pour comprendre, tandis que parlez-nous des répétitions : c'est drôle, animé, pittoresque, sans compter qu'il y a au bout la griserie de la rampe et les applaudissements. Finalement, un mois après, le cercle s'est éteint de sa belle mort. »

Enfin il faut s'unir tout bonnement pour résister au danger de l'isolement : « Ce danger apparaît capital quand on pense que le cercle d'études constitue un échange perpétuel de lumière et d'impulsion qui ne se peut entretenir qu'au moyen de relations sérieuses avec la vie extérieure. »

Cette union entre les cercles ne nécessite pas l'unité doctrinale sur les questions où la libre opinion est admise : « Très souvent nous avons été amenés à dire, à la Fédération du Sud-Est, qu'il serait puéril de songer à faire sortir un corps de doctrine des études faites dans les groupes. La prétention éveillerait des sourires sur les lèvres des gens éclairés. Nous insistons, au contraire, sur la variété nécessaire des points de vue et des sujets, sur la nécessité de s'adresser, à la fois, par un programme assez éclectique, à l'imagination et à la raison des membres. Personne d'expérimenté ne nous a jamais contredit. »

Cela n'empêche point de s'entretenir des mêmes idées et de se passionner pour elles. « On fera échange de conférenciers pour les séances extraordinaires, on se rendra visite, on se contera ses succès ou ses déboires. Bref, l'intérêt des séances y gagnera et l'ardeur au travail, entretenue par l'émulation, n'en sera que plus grande. » C'est sur ces vérités d'expérience qu'est établie l'action des salles de travail et le service des instituts populaires.

Mais le rapporteur veut invoquer « en faveur de l'*Union des Cercles*, des raisons qu'on n'a peut-être jamais songé à faire intervenir dans le débat ».

Après quatre ou cinq ans de fonctionnement, il se forme deux catégories de membres. « Les uns trouvent, au cercle d'études même, la forme d'activité qui leur convient et ils lui restent fidèles ; les autres témoignent, peu à peu, d'un détachement progressif à l'endroit de ce qui se dit et de ce qui se passe au cercle, puis, à la fin, désertent pour toujours ses séances. »

Ceux qui restent trouvent au cercle le terrain d'un apostolat intellectuel pour lequel ils sont faits ; les autres, « sollicités par les préoccupations matérielles, par des perspectives sérieuses de famille et de travail, ne trouvant plus dans le cercle la correspondance naturelle à leur état d'esprit, aux nécessités de leur condition, finissent par se désintéresser de ce qu'ils considèrent maintenant comme un jeu inutile de l'esprit, peu susceptible d'apporter une solution aux problèmes utilitaires de la vie ».

C'est un fait ; doit-il nous faire désespérer de nos cercles ?

« *Le cercle doit viser à préparer ses membres à la vie sociale, professionnelle et civique.* Et si, vraiment, voilà toute son utilité, quoi d'étonnant, alors, que certains de ses membres le quittent, lorsqu'il ne peut plus rien leur apprendre et qu'il est impuissant à satisfaire leur désir d'activité pratique !... »

Ceux-là il faut seulement les diriger vers une action nouvelle qui leur convienne. D'où encore la nécessité d'une parfaite entente, et au besoin d'un comité approprié. « Tantôt celui-ci apprendra que les syndicats agricoles ou les sociétés d'assurances manquent de secrétaires ou d'organisateurs, il y dirigera alors les camarades rompus à la direction d'un groupe ; là il constatera que la mutualité scolaire attend des délégués, que le syndicat ouvrier désire un chef de section, un comptable, un directeur de cours professionnels, et il signalera ces vacances au zèle des membres pratiques. »

Bref, les relations entre cercles d'études d'une même ville ou d'une même région sont nécessaires :

« 1° Pour créer une atmosphère favorable et faire cheminer l'idée plus rapidement.

« 2° Pour maintenir une certaine régularité dans la vie des groupes existants et les prémunir contre les dangers de l'isolement ou de l'absorption.

« 3° Pour doter les cercles des divers éléments attractifs qu'un échange peut seul procurer.

« 4° Pour créer des salles de travail et des bibliothèques communes,

« 5° Pour diriger vers l'action sociale et civique les activités et les expériences disponibles parmi les anciens membres des cercles d'études. »

Puis le rapporteur cite comme type d'une union régionale la fédération des Cercles d'études du Sud-Est.

« Tout d'abord, je n'ai pas besoin de vous apprendre qu'une fédération ne se décrète pas. Les circonstances, qui sont, dit-on, les anges de la Providence, ont plus fait pour la naissance de notre fédération que les patientes délibérations de notre petit cénacle.

« Les cercles d'études fondés, à Lyon, sur notre initiative, constituèrent, au début, l'embryon de la fédération. Préoccupés surtout, non pas de centraliser le mouvement, mais bien de l'étendre le plus possible, nous devions nous efforcer de maintenir entre les premiers éléments une union assez étroite pour qu'elle profitât tout entière à l'extension de ce mouvement.

« D'ailleurs, nous n'eûmes pas grand'peine à cela, car plus des trois quarts des groupes de la fédération ayant été fondés sur l'intervention directe de notre secrétariat, il ne leur vint jamais la pensée de vivre isolés ou de se rattacher à un autre centre.

« Les faits se chargèrent donc de mettre en lumière un *principe* que je dois vous rappeler, messieurs, au moment où l'idée d'union est dans tous les esprits, et qui servira à marquer le fondement de l'autorité de nos organismes centraux. Je soutiens, avec la conviction la plus ferme, qu'une fédération, l'union *consentie*, *vivante*, ne subsistera point, si elle n'est fondée sur les *services rendus*, sur les services *journaliers*. Dans un mouvement à tendances démocratiques, il est bon qu'il en soit ainsi, car nos membres apprennent par là que le véritable fondement de toute autorité au sens politique et social, doit résider dans l'exercice de la fonction sociale, dans les services rendus à ses concitoyens.

« Constituée *pour les services,* notre organisation s'est donc développée du côté des moyens d'action plutôt que du côté de la hiérarchie.

« Le *Conseil central,* qui représente l'organisme directeur, ne dirige que la propagande et les services. Il se compose de deux délégués de chacun des groupes lyonnais et de quelques-uns des fondateurs considérés comme les pères conscrits de la fédération.

« Chaque premier vendredi du mois, le conseil se réunit, examine les affaires courantes, prend les décisions et répartit la besogne entre ses membres.

« L'initiative du conseil se manifeste, *à Lyon,* par la propagande générale exercée dans tous les milieux en faveur des cercles d'études, par l'échange régulier de conférenciers, par la préparation des réunions générales semi-annuelles, par la rédaction, au début de l'automne, d'un programme d'études proposé aux groupes, par la publication, dans la *Chronique,* des sujets traités et des faits accusant la vitalité des groupes, enfin, par la convocation des réunions trimestrielles et la collaboration aux salles de travail.

« Au point de vue *régional,* le conseil, aidé par le secrétariat de la *Chronique du Sud-Est,* entretient des relations fréquentes avec les groupes, soit par les visites de ses délégués et conférenciers, soit par l'organisation des Congrès régionaux, soit par ses circulaires et questionnaires trimestriels, soit encore par sa correspondance incessante et ses communications à la *Chronique.*

« Tous les deux ans, alternant avec l'assemblée des groupes lyonnais, une *assemblée fédérale* a lieu, vers le mois de novembre. Tous les groupes de la fédération sont invités à y prendre part. La journée est ainsi occupée : le *matin,* séance de commission où l'on traite des affaires de la fédération ; à *midi,* banquet ; à *3 heures,* grande conférence par un orateur connu.

« Notre secrétaire général, chargé des articles mensuels, dans la *Chronique,* fait très souvent appel aux communications des groupes par lettre personnelle ; ainsi, chaque groupe est mis au courant des faits intéressant la vie de la Fédération.

« Enfin, depuis notre dernière assemblée, les groupes ont droit à une réduction de 50 0/0 sur le prix d'un abonnement à la *Chronique,* et le Conseil central se constitue l'intermédiaire entre eux et les *bibliothèques circulantes* de la ville.

« Comme obligation, les groupes affiliés ont à acquitter une cotisation de 5 francs par an, à répondre aux circulaires, et à participer aux assemblées. »

Tous les membres des cercles sont poussés à l'action dans les autres œuvres, en particulier au développement de la mutualité scolaire dans lequel la fédération a fait œuvre d'initiatrice.

Le rapporteur sollicite les conseils des camarades de Paris et du Nord, en particulier au sujet des voyages d'étude.

En ce qui concerne les congrès régionaux de cercles d'études, il rappelle la conduite qui a été tenue à Lyon et dont on a eu tout lieu de se féliciter. « En 1900, le conseil central de la fédération a préparé quatre congrès régionaux ; en 1901, il a préparé un congrès régional, une assemblée d'œuvres de jeunesse à l'archevêché, et une réunion régionale de mutualités scolaires. Insensiblement, en portant, dans chacune des grandes assises de la jeunesse, cette question des cercles d'études, l'idée cheminera, nous pénétrerons des milieux nouveaux ; tandis qu'en s'isolant chez soi, en restreignant à ses seuls fidèles les assemblées régionales, on risque de s'appauvrir et de se diminuer. »

La réunion d'aujourd'hui montre l'utilité de semblables congrès nationaux.

« Si certains d'entre vous se sont imposé un long et fatigant voyage, c'est bien qu'ils attachent une importance considérable à la tenue de ce rendez-vous fraternel.

« Ce soir, après avoir fait connaissance, après avoir causé beaucoup de l'œuvre qui vous tient au cœur, après avoir vibré ensemble, à la voix toujours évocatrice d'espérance de Marc Sangnier, il nous semblera qu'un grand travail aura été accompli durant la journée : les distances qui nous séparent en temps ordinaire, paraîtront moins grandes. Nous reprendrons notre travail avec l'ardent désir du plus grand effort et la sensation véritable d'un accroissement de courage et d'énergie.

« Pour nous qui avons été heureux de consacrer les bonnes années de notre jeunesse à propager le mouvement d'éducation populaire, nous nous attachons avec force aux espoirs que cette réunion nous permet de former pour l'avenir.

« Car nous affirmons ici, n'est-il pas vrai, la vitalité de ce courant

singulier qui porte la jeunesse contemporaine à s'affranchir de la domi-
nation des systèmes ou des partis, pour demander à la source chrétienne le secret d'une vie plus large, d'une liberté plus vraie et d'un
bonheur plus pur. »

La seconde et dernière partie de ce rapport se résume dans ces
vœux.

« 1° Que les cercles d'études d'une même ville entretiennent des relations suivies en vue des services suivants : échange de conférenciers,
réunions générales de propagande, salles de travail et bibliothèques.

« 2° Qu'il soit constitué, dans chaque centre régional important, un
organisme, dont la fonction spéciale sera de maintenir la vitalité des
groupes et de poursuivre le travail des fondations nouvelles.

« 3° Que chaque année un congrès national des cercles d'études
soit convoqué afin d'établir le bilan général des efforts de l'année et
envisager les progrès pour l'avenir. »

DISCUSSION

Après cet intéressant rapport, personne ne pourrait douter de l'utilité des relations entre cercles d'études. Aussi n'est-ce point là-dessus
que porte la discussion, mais bien sur la façon dont ces relations peuvent s'établir.

L'on procède alors à une sorte d'enquête et les délégués des Cercles
exposent tour à tour leur manière de voir ou leur manière de faire.

Notre camarade Chénot nous fait savoir qu'a *Tours*, il y a deux
sortes de réunions de cercles d'études. Les unes, mensuelles, se font à
tour de rôle dans les locaux particuliers de chaque cercle. Le président est différent chaque fois. Point de président général ; l'auto-
nomie des cercles subsiste entièrement. Les autres, plus générales, sont
trimestrielles et comprennent tous les groupes de la région. Grâce à ces
deux genres de réunion, les cercles de la Touraine ne peuvent pas
s'ignorer les uns les autres et leur travail en est rendu plus sérieux et
plus efficace.

A *Rouen* (délégué Ruffy), il y a un comité central des cercles d'études qui comprend les présidents et les conseillers de chaque cercle ; ce comité se réunit tous les mois. De plus, tous les trois mois, a lieu une réunion plénière de tous les cercles d'études sous la présidence du comité des cercles.

Dans le Nord (délégué Cieren), les cercles d'études font en général partie des groupes de Jeunesse catholique. A Lille, le cas est un peu particulier. C'est la *Jeune Garde* qui y forme les cercles d'études, et dans chacun d'eux, elle laisse au moins deux de ses membres. Chaque mois elle réunit, dans son local, les cercles d'études qu'elle a fondés. On y travaille d'abord, puis l'on s'y repose en s'amusant.

En *Saône-et-Loire*, l'on se sert généralement des cadres de l'Association catholique. D'ailleurs la plupart des cercles d'études ne sont point établis dans les patronages. Il n'y a pas de réunions spéciales pour les délégués des cercles d'études.

A Montpellier (délégué Portalier), il existe une *Fédération* de cercles d'études régie par un comité central. Les réunions en sont trimestrielles. Cette *fédération* des cercles d'études est indépendante des autres fédérations d'œuvres de jeunesse.

A Brest (délégué Perrot), les quatre cercles d'études se réunissent tous les *deux mois*. Les secrétaires de chaque cercle rendent compte des travaux particuliers, puis l'on étudie en commun l'un des sujets à l'ordre du jour. Ces cercles d'études se joignent de temps à autre aux différentes organisations ouvrières en des *réunions extraordinaires*. Ainsi dernièrement, les syndicats ont demandé l'avis des cercles d'études sur la question des retraites ouvrières. De plus, ces quatre cercles d'études ayant donné naissance à une quinzaine de sociétés de jeunesse qui comprennent près de deux mille membres, il existe une *fédération* de toutes ces œuvres ; elle se réunit deux ou trois fois l'an.

Les cercles d'études de Rennes se rattachent à la *fédération* des travailleurs du Centre et de l'Ouest dont on connaît la forte organisation. Les vingt groupes de jeunes gens de Rennes croient n'avoir, au point de vue des relations de cercles d'études, qu'à rester attachés à la *fédération*. Chacun d'eux vit d'une vie autonome et régulière, et les règlements de la fédération le forcent à lui donner tous les mois de leurs nouvelles. Chaque année, un *Congrès* organisé par le comité de la *fédération* les réunit tous et leur permet de se connaître davantage.

Dans le Pas-de-Calais, outre que tous les groupes de jeunesse sont affiliés à l'Association catholique, notre ami Doal réunit deux fois par an, chez lui, les présidents de cercles d'études : au mois de novembre, pour fixer le programme des travaux, et au mois d'avril pour se rendre compte de ce qui a été fait.

A Montluçon, il existe une *Association du travail* qui ne comprend que des hommes. Les cercles de jeunes gens ne sont pas fédérés entre eux, mais se trouvent tout naturellement réunis dans cette *Association du travail* puisque celle-ci ne vit que par les éléments des cercles d'études, dont elle est en quelque sorte la continuation.

III

Rapports entre les Cercles d'Etudes et les Instituts populaires ou 'autres groupes d'éducation,

I. De quelle façon établir des rapports entre les Cercles d'études et les Instituts populaires ?

II. Est-il désirable que dans les villes où un Institut populaire ne peut pas se fonder, un groupe d'études largement ouvert permette d'étendre l'influence du Cercle d'études ?

Rapport présenté par M. Meyer, de Paris,

TROISIÈME SÉANCE

Présidence de Gonin.

Avant de vous parler des rapports qui doivent exister entre les cercles d'études et les Instituts populaires, il me paraît utile de vous expliquer ce que nous entendons par Institut populaire ; cela nous permettra de préciser d'une façon plus certaine.

« L'Institut populaire, dit notre ami Marc Sangnier, n'est autre chose que le rayonnement du Cercle d'études ; c'est un milieu largement ouvert à tous, même aux adversaires et où, protégé par les garanties d'une discussion libre et sérieuse, on peut manifester ses certitudes et ses croyances sans crainte de les soumettre à la controverse; commencer à rendre témoignage à ce qu'on croit être la vérité sans appréhension de la mettre en *contact* avec les opinions adverses ; en un mot, faire œuvre véritable d'expansion intellectuelle et morale. »

L'organisation de l'Institut populaire doit accuser son caractère démocratique en ne donnant qu'une place restreinte aux grandes conférences faites par des intellectuels, en favorisant le développement de groupes d'études provenant de l'initiative des ouvriers eux-mêmes et surtout en laissant au Cercle d'études, véritable noyau de l'Institut populaire, toute l'importance qui doit lui revenir.

Et c'est, en effet, ce que nous avons essayé de réaliser au V⁰ arrondissement ; nous espérons que de la sorte notre Institut pourra rendre de véritables services aux travailleurs ! Ce ne sera pas une grande machine prétentieuse et pédante, mais un instrument très simple et bien approprié aux besoins de ceux qui s'en serviront.

C'est un endroit ouvert à tous. C'est dire qu'à l'Institut populaire tous ceux qui ne sont pas catholiques peuvent venir. C'est aussi et surtout le rayonnement, l'aboutissement logique du Cercle d'études. Le Cercle d'études est tout, c'est lui l'âme de l'Institut populaire, c'est autour de lui que doit se faire tout le travail de reconstruction, de réorganisation sociales.

« Pratiquement quel sera donc son rôle ? Il devra être le porte-parole des auditeurs, choisir les conférenciers, rechercher ce qui intéresse le plus les adhérents, se constituer en comité local, grouper toutes les énergies, toutes les bonnes volontés.

L'Institut populaire ne doit pas être seulement un endroit où l'on fait des conférences, il doit devenir le centre de toutes les activités. Les œuvres de quartier qui sont si nombreuses dans les grandes villes et qui végètent bien souvent : les sections syndicales, les coopératives de consommation, etc., toutes ces œuvres doivent trouver un appui à l'Institut populaire. Pour cela encore le Cercle d'études a un rôle considérable, il est l'intermédiaire naturel entre l'Institut et ces groupements.

Tels sont, mes chers Camarades, les rapports qui doivent exister entre les Cercles d'études et l'Institut populaire. Celui-ci, une fois fondé, la question est de le faire subsister. Pour cela il est de toute nécessité qu'il se constitue un noyau primitif d'auditeurs. C'est là évidemment le point le plus délicat. C'est celui qui nous préoccupe le plus à l'Institut populaire du Vᵉ arrondissement.

Comment constituer ce noyau d'auditeurs. Il y a évidemment toute une organisation de propagande à etablir. Ceci d'ailleurs peut être insuffisant ou ne produire qu'un résultat de surface. Il faut grouper des adhérents qui, plus que tous les autres, considèrent l'Institut populaire comme leur chose, s'y intéressent par suite et fassent porter leurs efforts sur son plus grand développement. Ceci nous amène à parler de la constitution d'un organisme nouveau, de durée forcément limitée, que nous designerons sous le nom de grand Cercle d'études. Il s'agit encore ici, bien entendu, d'un groupement confessionnel ; autrement ce serait une sorte d'organisme neutre manquant d'esprit commun, destine par suite à rester sans action. On organiserait peut-être ainsi des cours du soir ou une philotechnique, on ne fonderait pas un Institut populaire.

Comment composer ce grand Cercle d'études ? De gens animés des mêmes croyances et réunis quels que soient leurs études ou leurs travaux. Nous y réunirons donc à la fois des étudiants, peut-être même des professeurs ou des savants venant exposer le résultat de leurs recherches, et, en outre, naturellement des ouvriers et des gens de toute occupation.

Dans ce Cercle, on fera, comme à l'Institut populaire, des conférences ; seulement ces conférences ne seront point publiques et elles auront comme but principal de constituer une élite intellectuelle. Plus tard, lorsque l'Institut populaire sera fonde, ce sera parmi ces premiers adhérents qu'on recrutera à la fois des conférenciers et des personnes capables de susciter et d'animer une discussion.

Ce grand Cercle, une fois animé d'une vie intense à raison de la formation très complète de ses membres, devra disparaître. .Ce sera le moment d'ouvrir toutes grandes les portes, de convoquer les personnes de toutes opinions, en un mot de fonder l'Institut populaire.

C'est là un premier procédé. Il en existe un autre plus facilement applicable. Dans les villes comme Paris, Lyon ou Rouen qui comprennent un grand nombre de Cercles, il est infiniment plus simple de grouper tous ces Cercles.

Chacun d'eux conservera son individualité et sa vie propre, mais, par une réunion périodique, tous constitueront un organisme nouveau et indépendant d'eux. Ce sera précisément là le grand Cercle d'études.

Tels sont, mes chers camarades, les quelques observations que nous a suggérées la pratique du travail des Cercles d'études et la marche suivie dans son existence jusqu'à ce jour par l'Institut populaire du V' arrondissement.

Celui-ci, comme l'a dit notre ami Marc Sangnier, n'aurait jamais pu naître s'il n'avait été soutenu par un Cercle d'études, particulier sans aucun doute, mais aussi par l'ensemble de tous les Cercles de Paris. Sur ce point d'ailleurs notre ami Rolland vous donnera des détails plus précis. Et maintenant à vous de nous donner le résultat de vos expériences personnelles, de nous faire les observations et les critiques que vous estimerez nécessaires. La question n'est point de présenter ici un système personnel. Ce rapport a simplement pour but de faciliter notre travail commun. Puisse la discussion avoir pour résultat de rendre de plus en plus nombreuses les fondations d'Instituts populaires.

DISCUSSION

M. Rolland, celui de nos amis du *Sillon* qui s'occupe de l'Institut populaire du V⁰ arrondissement, explique que celui-ci est ouvert à tous ceux qui veulent y venir, quelles que soient leurs opinions politiques ou religieuses. On donne, à un prix minime, des cartes d'adhérents à tous ceux qui en demandent ; de cette façon, les habitants du Vᵉ arrondissement participent même aux charges matérielles.

Après chaque conférence, on donne la parole à qui désire la prendre, soit pour réclamer des explications, soit pour exposer quelque difficulté. En outre des conférences, il existe a l'institut populaire des cours d'allemand, d'anglais, de violon, de chant, etc., ainsi qu'un cercle d'études.

M. Rolland rappelle que si l'institut populaire n'est pas *confessionnel*, il n'est pas *neutre* non plus. Les conférenciers sont des catholiques et l'auditoire n'ignore pas que ceux qui dirigent l'institut sont également catholiques. Le cercle d'études qui est a la base de l'organisme n'a donc pas à dissimuler son action ; il peut agir au grand jour. Son rôle est important, parce que, connaissant mieux que personne l'état des esprits, dans les milieux populaires, il peut donner, sur la nature des conférences à faire, de précieuses indications.

M. Gay dit qu'il serait à souhaiter que l'on fît parler à l'institut populaire des hommes qui représentent des idées différentes des nôtres.

M. Marc Sangnier lui répond qu'il est inutile de faire appel de temps en temps au concours des anticléricaux, qu'il vaut beaucoup mieux les laisser venir d'eux-mêmes, comme auditeurs, que de les prendre comme conférenciers.

M. Ribière *(Limoges)* donne ensuite quelques détails sur l'organisation de l'institut populaire de Limoges. Avant la nouvelle loi sur les associations, les membres du Cercle d'études ne pouvaient pas être plus de 20 ; maintenant, ils forment une commission qui dirige tout le mouvement. A Limoges, la discussion est libre et l'on donne gratuitement des cartes aux adversaires qui en demandent. Quelques-uns d'entre eux ont manifesté le désir d'être sociétaires, puisqu'ils étaient d'accord avec nous sur plusieurs questions générales, comme le repos du dimanche par exemple.

M. Sarda *(Versailles)* expose ensuite le but et l'esprit de la *Ligue d'enseignement catholique* fondée récemment à Versailles. Cette Ligue a pour président l'un des vicaires généraux du diocèse, elle organise par voie d'affiche des réunions qui ne sont pas contradictoires ; le public qui les fréquente est double, intellectuel et populaire ; jusqu'ici, la fusion entre ces deux éléments n'a pu être complètement réalisée.

On demande, de divers côtés, par quels moyens on pourrait empêcher les adversaires qui viennent à ces réunions publiques contradictoires, d'y faire de l'obstruction. M. Gonin *(Lyon)* répond que nos amis du *Sillon* sont arrivés à vaincre cette difficulté, en créant la *Jeune Garde,* dont il expose en quelques mots le fonctionnement. C'est une association de jeunes gens, faisant partie ou non des Cercles d'études, et qui consentent à prendre part à toutes les réunions publiques que nous organisons, pour y faire respecter la liberté de la parole. Grâce à leurs efforts, les réunions faites par Marc Sangnier, cet hiver, à l'Institut populaire du Vᵉ, sur l'*Armée et la Démocratie,* et sur *les Devoirs de la Pensée libre* ont eu lieu sans incident.

MM. Cieren (*Lille*), Ruffy (*Rouen*) parlent ensuite des grandes conférences que l'on fait chez eux et qui sont un acheminement vers l'institut populaire.

M. Gonin, résumant ensuite la discussion, conclut que, pour arriver à établir des instituts populaires, il faut commencer tout d'abord par établir de grands cercles d'études, solides et bien constitués, puis élargir le cadre et faire, comme à Limoges, à Versailles et à Rouen, de grandes conférences contradictoires ou non ; on prépare ainsi les voies et l'on arrive peu à peu à pouvoir réaliser le type de l'institut populaire tel. que nos camarades du *Sillon* l'ont conçu et tel qu'il fonctionne actuellement, à Paris, dans le Vᵉ arrondissement.

IV

Propagande générale en faveur de l'extension des Cercles d'études.

I. Participation des présidents ou des secrétaires régionaux aux Congrès
   ou Assemblées catholiques.
II. Tournées de propagande.
III. Articles de Revues.

Rapport présenté par M. PERROT, de Brest.

QUATRIÈME SÉANCE

Présidence de Marc Sangnier.

M. A. Perrot, du Cercle Saint-Louis de Brest, se propose de parler des moyens de développer le mouvement des cercles d'études.

La nécessité des cercles d'études est aujourd'hui reconnue : ils sont le complément du patronage et peuvent cependant exister en dehors de lui :

« Nous avons vu que généralement les cercles d'études de jeunes gens ont leur siège dans les patronages catholiques. Cependant les représentants de l'Orléanais et du Nord nous ont cité de nombreux exemples de groupements indépendants des patronages.... Le cercle est le complément naturel des patronages. Si ces merveilleuses institutions que sont les patronages ne possèdent pas chacune leur cercle, c'est que ces cercles d'études ne sont pas assez connus, c'est que les directeurs des patronages ne connaissent pas assez leur efficacité quand il s'agit de former des hommes à convictions solides, sachant affirmer hautement leur foi aux yeux de tous. Cependant il n'est pas absolument nécessaire que la création du patronage précède celle du cercle. La fondation d'un patronage demande toujours de grandes ressources, du moins dans les centres importants, tandis que celle du cercle n'en demande pas ou presque pas : un local, quelques bonnes volontés, quelques livres, des revues et journaux, et c'est tout. Un auteur a dit : il faudrait qu'on puisse lire sur la porte de chaque presbytère de campagne le mot *patronage ;* à ce mot on devrait aujourd'hui pouvoir ajouter l'inscription : *cercle d'études.* Oui, il faudrait que dans chaque commune, si petite qu'elle soit, un groupe de jeunes gens se réunisse régulièrement pour étudier en commun et s'entraîner à l'action. »

Comment faire pénétrer cette idée ? D'abord par les manifestations collectives des patronages et des cercles existants.

« J'ai toujours présente à l'esprit la belle manifestation du 10 septembre 1899 où, devant les 1.200 jeunes gens des patronages du Finistère réunis sous la protection de Notre-Dame de Rumengol, Marc Sangnier nous faisait part de ses projets d'avenir. Les idées qu'il préconisait si bien ont fait leur chemin depuis ce jour, les cercles d'études se sont multipliés sur divers points du département ; ailleurs les jalons sont fortement plantés »

Il n'est point nécessaire que ces assemblées se rapportent spécialement au mouvement d'éducation populaire.

« Je veux parler des diverses assemblées catholiques groupant, non plus les jeunes gens d'un même département, mais ceux d'une même région, comme celle qui eut lieu au mois d'août l'année dernière à Sainte-Anne d'Auray, sous le patronage de l'Association catholique de la jeunesse française. Il serait désirable que chaque groupement prît la plus large part possible à ces assemblées, à ces congrès, que ceux de la région où ils se tiendraient déléguassent soit leur président, soit tout autre jeune membre influent et que ceux des groupements plus lointains y envoyassent tout au moins un représentant régional. »

Cette participation aux congrès divers est utilement réalisée grâce à l'initiative des groupements régionaux des cercles existants. On a cité ce matin les éclatants exemples du Sud-Est, du Nord et du Pas-de-Calais.

« A Brest également, les cercles de Saint-Louis sont entrés en relations fréquentes avec les œuvres florissantes de Morlaix, Quimper, Pont-l'Abbé, Châteaulin, Douarnenez, Landerneau. Dans plusieurs cercles, des questions communes ont été traitées, entre autres l'étude du projet de loi sur les retraites ouvrières et sur le contrat d'apprentissage dans l'industrie. Ces questions ont stimulé une généreuse émulation et resserré les liens qui unissent les différents cercles. »

Pour les cercles isolés, il est du devoir des autres d'aller au-devant d'eux, particulièrement dans les congrès comme celui qui nous réunit aujourd'hui.

« Beaucoup d'entre vous se voient aujourd'hui pour la première fois, j'ai le ferme espoir que ce ne sera pas la dernière, et que nous nous retrouverons dans toutes les grandes manifestations à venir. »

De plus, chaque cercle doit être un centre d'action. L'exemple des groupements socialistes est instructif à ce point de vue.

« Pourquoi ne formerait-on pas dans chaque région une école de jeunes conférenciers à qui on montrerait le superbe champ d'action qui s'offre à leur activité ? Ces jeunes conférenciers ainsi formés, devenus des défenseurs ardents des doctrines catholiques, iraient dans les œuvres environnantes et exposeraient leurs idées devant leurs jeunes camarades. Ils arriveraient ainsi, j'en suis convaincu, à en faire, non seulement des partisans de leurs idées, mais de nouveaux apôtres qui, à leur tour, iraient prêcher ces idées au foyer et à l'atelier. Là, ne devrait pas cependant se borner leur apostolat, il faudrait apprendre à ces jeunes conférenciers à parler devant un auditoire plus nombreux, composé d'hommes de tous les partis. A Brest, l'expérience des conférences populaires faites par les jeunes membres du cercle a été tentée. L'un d'eux, notamment, a pu pendant trois quarts d'heure intéresser un auditoire de huit cents hommes en développant devant eux l'œuvre néfaste de la Franc-Maçonnerie. Paris a déjà son école de jeunes conférenciers, il faut que la province suive la capitale dans cette voie. Combien de cercles ne sont-ils pas nés après une conférence comme savent en faire nos amis du *Sillon* ! »

Le rapporteur insiste sur ces promenades qui ne sont pas moins aisées et fécondes à la campagne qu'à la ville.

Brest a déjà mis en pratique ce mode de propagande. Au mois de mai de l'année dernière, une délégation du cercle de Saint-Louis était fêtée par les trois groupes de Morlaix et par celui de Saint-Pol de Léon. Cette année une délégation plus nombreuse a l'intention de se rendre à Quimper et à Douarnenez, où les Brestois sont attendus depuis longtemps. »

« Il existe encore un autre moyen de propagande des cercles d'études, ce sont les Revues : Pourquoi les cercles déjà existants ne feraient-ils pas publier de temps à autre leurs travaux ou tout au moins le compte rendu de leurs principales séances ? Le *Sillon* a eu une excellente idée en abaissant le prix de l'abonnement pour les cercles qui sont en relations suivies avec lui. Je demanderai à nos amis de réserver toujours quelques colonnes à la disposition des cercles de provinces, afin que ceux-ci suivent leurs travaux respectifs et se connaissent davantage. Je sais bien que certains groupes trop modestes n'aiment pas qu'on fasse grand bruit autour de leur activité, il arrive ainsi que des cercles très florissants ne sont pas connus, il faudrait leur faire comprendre que ces articles insérés dans les revues périodiques sont un excellent stimulant pour les retardataires dans la voie de l'éducation populaire de la jeunesse.

« Pour résumer ce que j'ai dit, voici, à mon avis, les meilleurs moyens de propagande en faveur de l'extension des cercles d'études :

« Congrès régional annuel des Œuvres de jeunesse ;

« Congrès annuel des cercles d'études ;

« Participation des présidents ou secrétaires régionaux aux grandes assemblées catholiques ;

« Visites des conseillers des cercles d'études aux Œuvres de jeunesse qui n'ont pas encore de cercles ;

« Visites fréquentes des promoteurs des cercles d'études dans les villes où les bonnes volontés sont nombreuses et les encouragements nécessaires. Faire autour de ces visites la plus grande publicité possible ;

« Emploi de la presse pour faire connaître les cercles d'études, leurs travaux, insertion des comptes rendus des principales séances ;

« Propagation du *Sillon* et autres revues, organes des jeunes catholiques. »

DISCUSSION

Après la lecture de ce rapport, Marc Sangnier fait remarquer que tout le monde étant d'accord sur la nécessité de faire de la propagande en faveur du mouvement d'éducation populaire, il convient d'étudier immédiatement les moyens à employer pour y parvenir.

On parle tout d'abord des promenades et voyages.

M. Sarda *(Versailles)* dit que ses amis ont l'intention de visiter tout le département de Seine-et-Oise, afin d'entrer en relations avec tous les groupes de jeunesse déjà constitués et d'en organiser là où il n'y en a pas.

M. Ruffy *(Rouen)* parle de visites qu'ont faites aux Rouennais les patronages de Vernon et du Havre , ces visites ont déterminé la création de plusieurs cercles.

M. Doal *(Amiens)* donne ensuite quelques détails sur les voyages qu'il a déjà faits, à Boulogne-sur-Mer, à Paris, et sur ceux qu'il a dessein de faire encore.

Comment réunir les ressources nécessaires ? Nos camarades de Plaisance *(Paris)* et Morlaix *(Finistère)* ont organisé des caisses de voyages, alimentées par les contributions volontaires des membres des Cercles ; le tirage au sort désigne, parmi les souscripteurs, ceux qui prendront part au voyage. M. Cieren *(Lille)* ajoute que la fédération du Nord emploie le même moyen ; elle a pu ainsi envoyer à Lourdes quatre jeunes malades, l'année dernière. M. Doal *(Amiens)* demande aux mineurs une cotisation de deux francs par quinzaine. M. Chesneau *(Tours)* dit un mot de la « Tirelire » ; les membres de cette association versent 0 fr. 50 par mois ; ce qui leur permet de faire en commun une promenade le lundi de la Pentecôte ; jusqu'à présent celle-ci n'avait pas eu de but précis ; on l'utilisera désormais pour visiter des cercles amis et faire de la propagande.

On passe ensuite à la question des revues ; Marc Sangnier demande que les publications régionales se multiplient et deviennent l'organe des groupes qui les entourent ; M. Cieren *(Lille)* rappelle la nécessité de faire régulièrement l'échange, et M. Ribière *(Limoges)* demande que l'on fasse connaître le nom et l'adresse des cercles d'études existants.

En dehors des revues qui sont l'organe de notre mouvement, il faut chercher à faire connaître ce que nous faisons dans les publications plus générales et plus importantes ; les délégués sont invités à multiplier les comptes rendus du Congrès et Marc Sangnier rappelle qu'il vaut mieux faire passer dans les journaux, à propos d'une manifestation quelconque de notre action, des articles d'idées, exposant nos méthodes et enregistrant les résultats que nous avons obtenus, plutôt que de simples notes, nécessairement laconiques et incomplètes, annonçant seulement les conférences et les réunions.

M. Thierry *(Lyon)* demande alors la parole pour signaler à l'attention des congressistes un mode particulier de propagande, utilisé jadis avec succès par Gambetta lui-même. Les voyageurs de commerce catholiques seraient enchantés, dans les villes où ils passent, de connaître les cercles d'études, de se mettre en relations avec eux, d'y passer la soirée et d'y faire, à l'occasion, quelques conférences. On propose alors de demander à ceux de nos amis qui exercent cette profession d'envoyer chaque mois leur itinéraire qui sera communiqué aux groupes intéressés.

LE CONGRÈS NATIONAL

La discussion sur le moyen de propager les cercles d'études une fois terminée, on aborde la question du congrès national réservée le matin, pour la séance du soir.

Marc Sangnier résume tout d'abord les idées qui ont dirigé les organisateurs du Congrès. Leur but n'a pas été de créer entre les cercles d'études de France une sorte d'association ou de fédération, on n'a pas voulu davantage les accaparer au profit d'un groupe central ; on a voulu seulement se voir, se réunir, se connaître, échanger des idées, collationner des faits, en un mot mettre en contact les forces vives qui constituent le mouvement d'éducation populaire.

L'essai tenté cette année a été satisfaisant. Est-il bon de le recommencer ? Faudra-t-il faire, à l'avenir, d'autres congrès semblables ? L'assemblée tout entière étant d'accord sur ce point, et le principe d'un congrès périodique ayant été adopté, Marc Sangnier fait alors remarquer que le but des réunions futures ne doit pas être différent de celui de la réunion présente. Ce sont des questions de méthodes que les congressistes sont venus étudier ensemble. Ils rechercheront donc, en commun, les méthodes de travail les plus efficaces et les plus pratiques sans vouloir en aucune manière pénétrer sur le terrain de l'économie sociale proprement dite, adopter des conclusions ou prendre une orientation identique. Au Congrès des cercles d'études, chacun apportera donc, si l'on peut ainsi parler, les résultats de son expérience en matière d'éducation populaire et non pas un corps de doctrines qui doive être rejeté ou adopté.

La proposition de faire coïncider le congrès national avec le congrès de l'Association catholique de la jeunesse française n'est pas adoptée, parce que beaucoup de groupes ne sont pas affiliés à cette association et ne veulent pas, pour des motifs divers, s'affilier à elle.

Après quelques paroles de M. Bazire, président de l'Association catholique de la jeunesse française, la séance est levée.

Le soir, à huit heures, un punch fraternel où tous les délégués des diverses parties de la France ont pris la parole, a clôturé le Congrès.

PUNCH OFFERT PAR LE " SILLON " AUX CONGRESSISTES ET A LA JEUNESSE DES CERCLES D'ÉTUDES DE PARIS

LE PUNCH DE CLOTURE

Les séances de travail ont pris fin ; mais non pas le congrès. Il se termine par un punch, réunion d'une cordiale et bruyante gaîté où se succèdent des toasts joyeux, alertes, éloquents, spirituels tour à tour, tous pareillement enthousiastes, mais pour le reste différents comme peuvent l'être ceux qui les prononcent, habitants de toutes les régions de la France.

Comment les énumérer ?... Ce fut une séance de géographie en action. Tous ceux qui y assistèrent crurent parcourir la carte de leur pays — non pas une carte muette, mais la plus parlante, la plus vivante des cartes, désormais gravée pour toujours dans leur esprit. Aussi rapidement que la baguette d'un maître passe, sur le long tableau, d'une ville à une autre, Marc Sangnier, président de cette inoubliable séance, indiquant à nos camarades leur tour de parole, parcourait en course folle toute la France. « A vous, Montluçon ! » Et le délégué de Montluçon disait sa joie de l'accueil réconfortant fait par Paris à la province, et les résolutions énergiques suscitées en lui par cette véritable fête de famille. « Maintenant, disait Marc Sangnier, de Montluçon passons à Montpellier (car, pour nous tous, les « camarades » qui étaient là personnifiaient si bien toute une région que nous les désignions par le nom de leur ville ou de leur province). — « Montpellier » parla. Montpellier fut méridional et charmant ; on l'applaudit à tout rompre quand il proposa d'unir pour toujours le Nord au Midi et donna l'accolade à notre président. Puis ce furent les Ardennes, puis Epernay, qui but à notre inaltérable et chrétienne amitié. Rouen parla par la bouche de Ruffi ; le Pas-de-Calais par celle de Doal — aphone et lyrique ; un délégué de Brest trouvant la parole insuffisante nous chanta une chanson de Botrel ; Guiard but au Congrès de 1902 et au Congrès de 1903 ; il but aux promenades passées, il but aux promenades futures ; il but... quand aura-t-il tout bu ? au succès des prochains voyages du *Sillon*. Le vieux *Sillon* fut représenté par Isabelle. En vain celui-ci voulut-il se faire passer pour un vieillard ; il n'était pas majeur quand le *Sillon* fut fondé, et le *Sillon* n'a que neuf ans ! Et puis Marc Sangnier fit un dernier toast et ce fut fini... Mais est-ce bien fini ? Ce Congrès dépourvu d'une solennité revêche, et qui ne fut en somme qu'une union très intime de serviteurs d'une même cause, ne dure-t-il pas encore dans nos cœurs à tous ?

NOTES COMPLÉMENTAIRES

I. Quelques types de règlements de Cercles d'études.
II. Principales Revues des Cercles d'études.

QUELQUES TYPES DE RÈGLEMENTS
DE CERCLES D'ÉTUDES

1° CERCLES D'ÉTUDES SOCIALES « LE PEUPLE »

IMPASSE ROBIQUET (BOULEVARD MONTPARNASSE)

STATUTS

ARTICLE PREMIER. — Il est créé un Cercle d'études sociales ayant pour titre *Le Peuple* dont le siège est à Paris.

ART. 2. — Composé par des ouvriers, son but est l'étude des questions religieuses et sociales, afin de propager ensuite et par tous les moyens possibles le fruit du travail fait en commun.

ART. 3. — A l'exception des membres fondateurs, tout nouvel adhérent devra : 1° être électeur ; 2° être présenté par deux membres du Cercle ; 3° adhérer aux présents statuts.

ART. 4. — Tout membre inscrit au Cercle d'études s'engage à verser pour la propagande un versement annuel de 2 francs payable par trimestre.

ART. 5. — Les réunions auront lieu au siège du Cercle tous les mercredis à 8 heures et demie.

ART. 6. — Toute absence non motivée à l'avance implique une amende de 0 fr. 20 destinée à une œuvre charitable.

ART. 7. — La direction du Cercle est confiée à un président, un secrétaire général, un trésorier, renouvelables annuellement.

Le bureau ainsi constitué, assisté du membre Conseil, devra veiller à la bonne administration du Cercle, assurer l'entente et l'assistance avec les autres Cercles existants et s'occuper à l'avance des questions à étudier.

ART. 8. — A chaque réunion, il y aura au bureau un président et un secrétaire de séance.

Ils doivent ramener au débat ceux qui s'écarteraient de la question et faire en sorte que le ton de la discussion reste calme et amical.

ART. 9. — L'ordre des réunions est ainsi fixé : le président et le secrétaire nommés à la réunion précédente sont au bureau.

1) Le secrétaire fait un rapport verbal de l'étude exposée la semaine précédente pour être étudiée par les membres du Cercle.

2) La discussion est ouverte par deux membres spécialement désignés

à cet effet, l'un défendant la doctrine exposée, le second exposant ou défendant les idées contraires à l'aide de toute autre doctrine à son choix.

3) Ces deux membres étant entendus, la discussion générale est ouverte et tous y devront prendre part.

4) Si des eclaircissements sont nécessaires ou si des points de doctrine n'étaient pas compris ou étaient dans un mauvais sens, le membre Conseil donnerait les explications nécessaires.

5) Le secrétaire général donne les nouvelles et avis pouvant intéresser le Cercle.

6) On procède alors à la nomination du bureau de la séance suivante et à celle des membres devant soutenir la discussion.

7) Enfin le membre Conseil expose le sujet de l'étude qui sera discutée à huitaine.

Art. 10. — Toute question mise à l'etude doit être traitée avec toute la sincérité voulue et la persévérance nécessaire pour être connue à fond et sous tous ses points de vue par chacun des membres. Aucune autre question ne sera traitée durant l'étude de la précédente.

Art. 11. — Pendant ce temps d'étude, le Cercle sera fermé, c'est-à-dire qu'aucune nouvelle adhésion ne pourra se produire.

Art. 12. — Un sujet ayant été traité, avant de mettre en route le suivant, les membres du Cercle s'engagent à faire profiter de leurs études leurs camarades et feront pendant un temps déterminé de la propagande ou des conférences sur ce qu'ils auront appris en commun.

2· CERCLE D'ÉTUDES « SAINT-PAUL »

68, RUE D'ASSAS

STATUTS

Article premier. — Le Cercle d'Etudes est érigé en faveur des jeunes gens, spécialement anciens élèves des Frères des Ecoles chrétiennes.

Art. 2. — Le Cercle a pris le nom et le patronage de saint Paul : 1· Parce que la vie du saint Apôtre fut une vie toute d'action ; 2· Parce que les membres du Cercle se le proposent comme modèle dans l'apostolat ; 3· Parce que son courage et sa fidélité inspirent aux jeunes gens l'admiration et la pratique des vertus.

Art. 3. — Le Cercle adopte pour devise cette parole de saint Paul : « Combattez le bon combat. »

Art. 4. — La fête titulaire et patronale du Cercle est celle de saint Pierre et saint Paul, fixée au 29 juin, mais dont la célébration est reportée au dimanche. Ce jour-là les membres du Cercle seront invités à une messe de communion dont l'heure leur sera indiquée.

De la fin du Cercle.

Art. 5. — La fin principale et spéciale du Cercle Saint-Paul est :

1° De maintenir parmi les membres du Cercle, les principes de la foi catholique et les pratiques religieuses de leur enfance au moyen du bon exemple.

2° D'établir entre eux de sérieuses relations d'amitié vertueuse et de solidarité sociale.

3° De les préparer par le travail intellectuel, l'étude et l'exercice de la parole, à être dans les milieux où ils sont appelés à vivre, les défenseurs de la religion et de la société.

4° De leur faire acquérir par ces moyens une influence qui puisse les rendre utiles à leur famille, à leur entourage, à leur patrie et à leur religion.

En un mot à en faire des apôtres dans toute l'intégrité du terme.

De l'Esprit du Cercle d'Études.

Art. 6. — L'Esprit du Cercle est celui même de son patron, l'esprit de foi se manifestant par l'action et l'apostolat.

Art. 7. — Les membres du Cercle, pour acquérir et conserver cet esprit, pratiqueront, loyalement et sans respect humain, tous leurs devoirs religieux ; ils sont engagés à adopter le règlement de vie de la Société de Saint-Labre, qui correspond absolument et parfaitement à l'esprit du Cercle.

Art. 8. — Ils auront entre eux l'amitié la plus franche et la plus cordiale, s'édifieront par leurs bons exemples et au besoin par leurs bons conseils.

Moyens adoptés par le Cercle pour atteindre sa fin.

Art. 9. — Outre les moyens spirituels proposés à chacun dans le règlement de vie, le Cercle adopte les suivants : Il se réunit de 8 h. 1/4 à 10 heures du soir, dans le local ordinaire de ses séances.

Art. 10. — Chaque réunion commence par le *Veni Sancte* et l'invocation à saint Paul, elle se termine par le *Sub tuum* et la même invocation.

Art. 11. — Au commencement de chaque séance, il sera fait une lecture dans le saint Évangile et à la réunion suivante, un des membres à tour de rôle devra exposer dans un entretien de cinq à six minutes, ses réflexions et impressions personnelles à propos de cette lecture, en vue d'instruire ses amis.

Art. 12. — Chaque membre, à tour de rôle, donnera une conférence sur un sujet donné ou laissé au choix, suivant les circonstances.

Art. 13. — Préalablement un Comité composé de quatre membres du Cercle entendra le conférencier dans son sujet, lui en fera amicalement et sincèrement la critique et lui donnera des avis. Ce Comité se composera du Président d'honneur, du Président et de deux autres membres élus par le Cercle. Au cas où le nombre des membres du Cercle serait supérieur à quinze, ce Comité serait porté à cinq membres, nombre qui ne pourra être dépassé par la suite. Au surplus, les membres de ce Comité, après consultation et avis du Cercle d'études, exécutent un plan général de conférences sur un même ordre d'idées.

Le conférencier sera laissé libre de lire son travail ; mais il est préférable de le réciter en s'aidant d'un plan manuscrit ou de quelques notes afin d'arriver vite à même d'expliquer clairement sa pensée.

Au bout d'une année les conférences seront faites oralement.

Des conditions d'admission dans le Cercle.

Art. 14. — Pour faire partie du Cercle d'études Saint-Paul, il faut :
1° Être ancien élève des Frères.
2° Être Français et âgé au moins de quinze ans.
3° Avoir un domicile à Paris ou dans la banlieue et pouvoir assister régulièrement aux réunions.
4° Adhérer aux Statuts et Règlement du Cercle.

Art. 15. — Tout jeune homme remplissant les conditions énoncées dans l'article 14 et qui désire faire partie du Cercle doit être présenté par deux membres actifs qui se constituent ses parrains et le présentent au bureau et aux membres réunis.

Il acquittera en entrant un droit d'un franc et paiera en surcroît la cotisation mensuelle. Les statuts et règlement lui seront alors communiqués confidentiellement et après un mois de stage comme aspirant, le proposé fera une demande écrite adressée au Président. Cette demande sera examinée, le bureau statuera et en dernier ressort le Cercle sera consulté et le nouveau membre admis à la majorité des 4/5 des voix.

Toute absence pendant ce temps devra être légitimée par une excuse verbale ou écrite adressée au Président.

Art. 16. — Une cotisation de 0 fr. 50 centimes par mois est versée par chaque membre entre les mains du Trésorier.

En cas de non-paiement et au bout de trois mois, une amende de 0 fr. 50 supplémentaire est encourue. Seront également passibles d'une amende :

1° De 0 fr. 25 par séance les membres qui ne s'excuseront point de leur absence soit par lettre adressée au Président, soit par avis verbal.

En cas de non-paiement et au bout de trois mois, une amende de 0 fr. 50 supplémentaire est encourue par les membres.

En cas d'impossibilité matérielle de prévenir par lettre ou verbalement ils devront s'excuser au commencement de la séance suivante avant la lecture du procès-verbal.

2° De 1 franc les conférenciers qui ne feraient point leur conférence à leur tour ; au surplus, ils devront attendre le tour prochain pour s'acquitter de cet exercice.

Art. 17. — Le produit des cotisations, des amendes et des cotisations des membres honoraires sera affecté à l'achat des livres d'études et aux frais divers, le tout avec le consentement du Bureau.

Art. 18. — Les membres sous les drapeaux sont dispensés du paiement de la cotisation.

Art. 19. — Tout membre que le mariage, l'entrée au Séminaire, au noviciat, où son départ définitif de Paris empêchera de figurer au nombre des membres actifs, aura le titre de membre honoraire et restera autant que possible en correspondance avec le Cercle. Le titre de membre honoraire pourra être conféré à des bienfaiteurs qui donneraient au Cercle un témoignage effectif de bienfaisance, soit par quelque service, soit par le versement d'une somme annuelle d'au moins six francs. — Les membres sortants restent libres de contribuer aux besoins du Cercle par des offrandes périodiques ou non.

Art. 20. — Le bureau du Cercle prononcera le renvoi d'un membre :
1° Dont la conduite serait notoirement indigne.

2° Dont l'absence aux réunions aurait duré 1 ou 2 mois sans avis d'impossibilité.

3° Dont la cotisation n'aurait pas été payée pendant 4 mois.

Bureau du Cercle.

ART. 21. — Le bureau du Cercle est composé :
1° D'un président d'honneur, en même temps trésorier.
2° D'un président.
3° D'un secrétaire.
4° D'un bibliothécaire archiviste.

Le nombre des membres du bureau pourra être augmenté suivant les besoins.

ART. 22. — Les membres du bureau sont renouvelables tous les ans, — ils sont rééligibles et nommés à la majorité des suffrages des sociétaires, réunis en assemblée.

ART. 23. — *La présidence d'honneur* est occupée par un religieux des Écoles chrétiennes, qui remplit, auprès des membres, la fonction de modérateur ou de conseiller ; il est investi de la plus grande autorité.

Le président dirige la discussion pour qu'elle ne s'écarte pas trop du sujet traité. Il a pleins pouvoirs dans la salle. Il prépare l'ordre du jour des réunions du bureau qu'il convoque tous les mois et celui du Cercle. En cas de partage de voix après un 2° tour de scrutin, la voix du président a la prépondérance.

Le trésorier perçoit les cotisations et les amendes, tient compte des recettes et des dépenses et fait tous les 3 mois un compte rendu de l'état de caisse. La caisse est remise au président d'honneur.

Le secrétaire rédige le procès-verbal de chaque réunion et le transcrit après adoption sur un registre spécial. Il est en outre chargé des diverses écritures du Cercle et des convocations.

Le bibliothécaire archiviste dresse et conserve le Catalogue des ouvrages de la bibliothèque, tient note des emprunts, propose les acquisitions nouvelles et les nécessités de reliure. En tant qu'archiviste, il classe les pièces et dossiers du Cercle d'études par ordre, en possède la liste avec le genre et la dénomination et est responsable, devant le Cercle d'études, de la perte et des dégâts commis sur les pièces ou livres qui lui sont confiés. Il devra étudier les améliorations successives qu'il pourrait introduire dans son service. De même, un rapport trimestriel montrant l'état de ses travaux sera présenté par lui.

Un des membres du bureau reçoit le titre de membre correspondant, ordinairement le président ou le secrétaire, seul ce membre peut communiquer par écrit ou paroles et s'engager au nom du Cercle d'études.

Art. 24. — Au cas où l'un des membres du bureau négligerait de s'occuper de ses fonctions, le bureau pourrait faire procéder à de nouvelles élections.

Dissolution.

Art. 25. — La dissolution du Cercle pourra être prononcée en Assemblée générale, convoquée spécialement, après un vote réunissant les trois quarts des voix des membres présents.

Art. 26. — En cas de dissolution, les livres, les fonds ainsi que d'autres objets seront remis à une œuvre catholique similaire, à la seule condition pour cette œuvre de conserver les archives du Cercle Saint-Paul.

Art. 27. — Toute modification aux présents statuts ne peut être faite qu'en Assemblée générale, après un vote réunissant au moins la moitié des voix, plus une.

Art. 28. — Un exemplaire des présents statuts sera remis à chaque membre actif et l'original conservé dans les archives sous la responsabilité de l'archiviste.

3' MAISON DE FAMILLE (2, rue Vaneau)

STATUTS

Article premier. — Le but du Cercle est d'exercer les jeunes ouvriers à lire, réfléchir, raisonner et discuter.

Art. II. — Pour faire partie du Cercle il faut être membre de la maison de Famille et ouvrier, ou membre du Conseil, ou membre des Anciens de la maison de Famille.

Art. III. — Toute personne désirant devenir membre du Cercle devra être présentée par l'un de ses membres qui sera responsable du nouvel admis. L'admission sera proposée à une séance et prononcée à la suivante, si aucune opposition ne s'est manifestée pendant l'intervalle.

Art. IV. — Pourra être exclu du Cercle tout membre dont la conduite laisserait gravement à désirer au point de vue moral ou religieux, l'exclusion sera prononcée au scrutin secret et à la majorité des membres du Cercle admis depuis plus de 6 mois.

ART. V. — Les fonctions de Président, Secrétaire et Conférencier seront remplies successivement par chaque membre et par rang d'âge.

ART. VI. — Les séances s'ouvriront par la lecture d'un passage de l'Evangile avec commentaires ; elles se termineront par le vote d'un ordre du jour concluant la discussion.

ART. VII. — Toutes affirmations devront être appuyées de documents précis.

ART. VIII. — Les membres du Cercle se rendront une fois par an en pèlerinage à Montmartre.

Entraînement des membres du Conseil.

I. Il est bon que quelques conférences très intéressantes soient faites d'abord par le directeur, l'aumônier, ou par un autre homme compétent, les membres du Cercle n'étant pas encore préparés à parler eux-mêmes. Les conférences doivent être des causeries toutes simples et familières : si elles avaient plus grande allure, elles décourageraient les jeunes ouvriers qu'on se propose d'entraîner ; il faut que ces jeunes gens après avoir entendu le conférencier, se disent à eux-mêmes : si j'avais les renseignements sur une question à traiter, je parlerais comme cela, ce n'est pas difficile.

II. Déjà, à l'occasion de ces conférences préparatoires, il faut faire intervenir les membres du Cercle. Un secrétaire sera nommé pour chaque réunion. Au commencement de la réunion suivante, ce secrétaire résumera la conférence précédente et on donnera la parole à tous les membres du Cercle qui voudront la prendre, ils oseront discuter le résumé fait par leur camarade, tandis qu'ils n'auraient pas osé discuter la conférence de leur directeur ou de leur aumônier. Ces discussions commencent à mettre en jeu leur initiative.

III. La période préparatoire ne doit pas durer plus qu'il n'est nécessaire, c'est-à-dire que les membres du Cercle doivent faire les conférences eux-mêmes dès qu'il s'en trouve parmi eux qui peuvent aborder cette tâche.

IV. Une conférence faite par un membre du cercle ne doit guère durer que dix minutes dans les commencements, et il convient qu'elle soit écrite.

Peu à peu, les jeunes conférenciers devront s'habituer à parler pendant un quart d'heure ou vingt minutes avec de simples notes, et enfin pendant cinq ou dix minutes debout et sans notes.

V. Le rôle du directeur devient d'autant plus important que les membres du cercle sont capables de plus d'initiative. C'est lui qui aide le conférencier à préparer sa conférence, qui prévoit toutes les objections que cette conférence pourra soulever, qui intervient dans les discussions pour ramener la question au point quand elle s'en écarte ; c'est lui qui formule les conclusions. Il paraît s'effacer de plus en plus à mesure que l'entraînement des membres du Cercle est plus complet ; mais en réalité il ne s'efface que comme l'âme dans le corps.

Fonctionnement du Cercle.

I. Il ne serait pas bon de commencer par nommer son *bureau* dès la première réunion : il convient de laisser passer auparavant quelques séances qui permettront de reconnaître les membres les plus aptes aux diverses fonctions. Si le Cercle se réunit tous les huit jours (c'est tous les huit jours, ni plus ni moins, que se réunissent ceux de nos Cercles qui fonctionnent le mieux), on pourrait nommer le bureau au bout d'un mois.

II. Le *Président* a la police intérieure des réunions et il veille au bon recrutement du Cercle, de concert, bien entendu, avec le Directeur ou l'Aumônier. . Le *Secrétaire* tient un registre qui donne fidèlement l'état du groupe, le nombre des membres présents à chaque réunion et le titre, mais non le résumé, des sujets traités ; ces résumés sont faits chaque fois par un *secrétaire de séance* nommé pour une séance seulement, et cette fonction de secrétaire de séance est remplie à tour de rôle par les membres du groupe autant que possible.

Le trésorier réunit les petites cotisations destinées à l'abonnement au *Sillon* (cinq francs par an pour les Cercles d'études), aux frais du bureau de correspondance et aux autres menues dépenses du groupe.

III. Tous les ans une séance est consacrée à un rapport sur l'état et les travaux du groupe, et à l'élection du bureau.

IV. Tous les trois mois, le secrétaire envoie au *Sillon* un rapport très succinct indiquant le nombre des membres du groupe et l'objet des travaux pendant le trimestre écoulé. (Adresser ce rapport au : Service des Cercles d'études, Bureaux du *Sillon*, 4 *bis*, boulevard Raspail, Paris, VIIe.

Ordre des Séances.

1' La séance commence par une prière et, autant que possible, on fait suivre cette prière de la lecture commentée de quelques versets de l'Evangile. 2' Le Président donne la parole au secrétaire du groupe et au trésorier pour les renseignements qu'ils auraient à fournir ou à demander. Cette partie doit être très courte ; le plus souvent même le secrétaire et le trésorier n'auront rien à dire et ce sera tant mieux. 3' Le Président donne la parole au secrétaire de séance (voyez Fonctionnement du Cercle, art. II) qui lit le résumé de la séance précédente. 4' On discute ce résumé et on pose au conférencier (à celui dont la conférence vient d'être résumée) les questions et objections que peuvent soulever les points étudiés. 5' Le Président désigne le *secrétaire de la conférence* et donne la parole au *conférencier du jour*. Celui-ci expose son sujet sans que personne l'interrompe. 6' Le Président invite les membres du groupe à questionner le conférencier non pas pour discuter sa conférence mais pour préciser les points sur lesquels on ne l'aurait pas trouvé suffisamment clair. 7' Le directeur conseiller donne quelques avis. 8' La séance se termine par une petite prière.

II. Le directeur conseiller intervient dans toutes les discussions ; mais en général il commence par laisser les membres du groupe discuter entre eux, car cela est très utile pour leur formation intellectuelle ; il empêche la discussion de s'égarer et met les interlocuteurs d'accord en rectifiant les erreurs ou en dissipant les malentendus.

Principales Revues des Cercles d'Etudes

L'Ame latine, 9, rue de l'Université (Toulouse).
L'Aube, 40, rue des Bourdonnais (Versailles).
A la Voile, 40, rue de Saint-Omer, à Bourbourg (Nord).
Bulletin mensuel des Œuvres de la Jeunesse, 15, rue Cassette (Paris).
Bulletin des Œuvres de la Jeunesse du Sud-Ouest, 11, rue de la Préfecture, Pau (Basses-Pyrénées).
Les Conférences, 5, rue Bayard (Paris).
La Corporation, 1, rue Martignac, Paris.
Chronique du Sud-Est, 10, quai de Tilsitt, Lyon.
Le Courrier du Rosaire, 180, rue de Vanves, Paris.
La Démocratie chrétienne, Haubourdin (Nord).
Le Droit de vivre, 5, rue du Rempart (Montargis).
Echo des Œuvres sociales, Solitude Saint-Antoine, Tarbes (Hautes-Pyrénées).
L'Echo du Patronage de Biarritz, avenue de la République, Biarritz.
Echo Régional, 3, rue Rabelais, Angers (Maine-et-Loire).
Echo de Saint-François, 38, rue de Beaumont, Bourges (Cher).
L'Écho du Sud-Ouest, 41, rue des Grands-Fossés (Tarbes).
L'Escolier de Saint-Etienne, 13, rue Notre-Dame, Meaux (Seine-et-Marne).
L'Étoile du Midi, 1, place de la Couronne, Nîmes (Gard).
La Gerbe, avenue de Mons (Valenciennes).
La Jeune Garde, 15, rue d'Angleterre, Lille (Nord).
La Jeune Parole, 2, rue Friant.
La Jeunesse ouvrière, 35, quai d'Anjou, Paris.
La Justice sociale, 12, rue Littré, Paris.
Le Messager de Saint-Faron, 12, rue Notre-Dame, Meaux (Seine-et-Marne).
Le Monde du Travail, 2, rue de l'Aiguillerie, Angers (Maine-et-Loire).
Le Patronage, 7, rue Coëtlogon (Paris).
Le Patronage Sainte-Anne, 42, rue Planchat, Paris.

Le Peuple, Parvis Saint-Maurice, à Lille (Nord).

Le Petit Echo du Patronage Sainte-Madeleine, 37, rue Battant, Besançon (Doubs).

Le Petit Faubourien, 54, rue Bobillot, Paris.

Le Petit Semeur, 15, rue Rouchaux, Besançon (Doubs).

La Revue de la Jeunesse catholique, 76, rue des Saints-Pères, Paris.

Le Semeur (Autun).

Le Semeur de Neuilly, 14, avenue Sainte-Foy (Neuilly-sur-Seine).

Le Sillon, 4 *bis*, boulevard Raspail, Paris.

Le Soc, place de l'Hôtel-de-Ville (Annecy).

La Source, 31, rue Thiers (Rouen).

Le Trait d'Union, 36, rue de la Banque, Bar-le-Duc (Meuse).

Le Travailleur du Centre et de l'Ouest, 2, rue Haute (Blois).

L'Union des Braves, 27, rue des Minimes (Roanne).

Le Viaduc, 7 *bis*, avenue de la Frillière, Auteuil.

La Vie Catholique, 82, rue Bonaparte (Paris).

Les Cercles d'études de France ont déjà montré leur nombre et leur vitalité. Ils ont intérêt à se connaître de mieux en mieux, à préciser leur méthode de travail, à affermir leur action. Il faut qu'ils soient comme un réseau souple et résistant d'actives bonnes volontés. Nous ne voulons pas piétiner sur place. Assez de sympathies stériles et d'adhésions paresseuses. Nous voulons aboutir. Nous le devons, pour le salut de notre pays et pour l'honneur du catholicisme français.

L'inoubliable journée du 22 mai doit avoir des lendemains féconds. Nous convions tous nos camarades *au* **Congrès national des Cercles** d'études *de l'année* 1903, *qui aura lieu à* **Tours** *au mois de février.*

IMPRIMERIE DES ORPHELINS-APPRENTIS D'AUTEUIL, F. BLÉTIT

40, RUE LA FONTAINE

1018 04